- En cadeau -

LA VERSION AUDIO DU LIVRE

COMMENT ÇA MARCHE ?

1

Téléchargez l'app
Quelle Histoire

2

Déverrouillez
votre livre

3

Écoutez
votre histoire

Disponible sur App Store

DISPONIBLE SUR Google Play

Application compatible toutes tablettes et smartphones
à partir de iOS 8 et Android 4.4.

- Collection -
THÉMATIQUES

Complétez votre collection sur

www.quellehistoire.com

- Collection -

PERSONNAGES

Complétez votre collection sur

www.quellehistoire.com

Quelle Histoire

Édition et conception : Unique Heritage Editions SAS. 22, Villa de Lourcine 75014 Paris
Illustrations : Bruno Wennagel, Mathieu Ferret, Guillaume Biasse, Mathilde Tuffin, Aurélien Fernandez
Textes : Julie Gouazé, Mona Dolets
Edition : Leslie-Fleur Picardat
Direction artistique : Kagna Toung
Maquette : Marie Colas

Siège social : 6, Villa de Lourcine 75014 Paris

www.quellehistoire.com

Fabriqué par Labelfab / Imprimé en France par Stin Imprimerie - Toulouse

Dépôt légal novembre 2018

Loi n°49-956 du 16 juillet 1949 sur les publications destinées à la jeunesse

PEFC 10-31-2841

FABRIQUÉ EN FRANCE

LES SAMOURAÏS

Maîtres de la guerre et de l'honneur

La naissance des bushis

Tu as sûrement déjà vu des images des samouraïs, ces fiers guerriers japonais, mais connais-tu leur histoire ? Au VIIIe siècle, l'empereur du Japon perd de son autorité au profit des seigneurs, appelés daimyos, qui deviennent de plus en plus puissants et qui se font la guerre entre eux. Ayant besoin d'hommes pour les accompagner au combat, ils choisissent les paysans fidèles qui cultivent leurs terres. C'est ainsi que les ancêtres des samouraïs, appelés bushis, font leur apparition. Ils reçoivent alors leur salaire sous forme de sacs de riz et ont le grand honneur de porter des armes.

VIIIe - XIIe siècle

Des guerriers flamboyants

Pendant des siècles, plusieurs clans vont se battre pour prendre le pouvoir... Ce sont de vraies guerres civiles ! En 1192, Yoritomo, le chef des Minamoto, devient shogun, c'est-à-dire « grand commandant militaire ». Cette fonction impériale, mise en place pour pacifier l'empire, va faire émerger une nouvelle classe de guerriers, placée au sommet de la hiérarchie du système féodal : les samouraïs. Sais-tu que le mot « samouraï » signifie « ceux qui servent » ? Bien qu'ils soient au service des seigneurs, ils vont devenir redoutables et vont dominer le Japon pendant des siècles, ayant droit de vie ou de mort sur les autres classes !

XIIe - XVIIe siècle

Devenir samouraï

On devient samouraï de père en fils, ainsi lorsqu'un garçon naît dans une famille de guerriers, son destin est tout tracé ! À 6 ans, il doit quitter sa famille pour commencer son éducation. Ses journées sont bien remplies : à l'école, on l'initie à l'équitation, au maniement des armes, aux arts martiaux, et même à la lecture et à la calligraphie. Mais cet apprentissage est sévère... Un samouraï doit étouffer ses sentiments et dompter ses peurs en toutes circonstances, alors dès son plus jeune âge, on le met à l'épreuve... Il arrive qu'il doive jeûner (rester sans manger plusieurs jours) ou marcher dans la neige pieds nus !

XIIe - XIXe siècle

Et les filles alors ?

Tu penses sûrement qu'il n'y a que les hommes qui peuvent devenir samouraïs, mais ce n'est pas tout à fait vrai... Les femmes nées dans des familles de guerriers sont elles aussi formées au maniement des armes. Un grand nombre de femmes samouraïs ont la mission de défendre leur maison et leur famille, et quelques-unes, appelées onna-bugeisha, sont de véritables combattantes. La plus célèbre d'entre elles est Tomoe Gozen. Ses exploits, qui ont contribué à la victoire du clan des Minamoto, ont fait d'elle une héroïne nationale. Imagine-la sur le champ de bataille, dans son armure colorée, le sabre à la main...

XIIe - XIXe siècle

L'équipement du samouraï

Pour se protéger durant les combats, la plupart des samouraïs sont bien équipés... Plastron, gantelets, épaulières, jambières, leur armure les couvre de la tête aux pieds ! Ils portent également un casque et un masque très impressionnant conçu pour effrayer l'ennemi. Faite de métal, de cuir et de soie, l'armure pèse entre 20 et 30 kg... Tu t'en doutes, elle ne s'enfile pas en cinq minutes ! Les samouraïs possèdent aussi un daisho, un ensemble de deux sabres : le wakizashi, une lame courte qui sert notamment à décapiter les ennemis, et surtout le katana, une lame longue qui est le compagnon inséparable du guerrier. Quel attirail !

XIIe - XIXe siècle

L'honneur avant tout

Les samouraïs sont soumis à un code très strict : le bushido (« la voie des guerriers »). Il leur impose des règles de conduite, comme l'interdiction de travailler pour se consacrer à la guerre, mais aussi des règles morales... Le courage, la loyauté et l'honneur sont très importants, alors les guerriers japonais doivent suivre trois principes : obéir à leur maître, tenir parole et ne pas hésiter à verser le sang. S'ils désobéissent ou perdent un combat, ils doivent faire seppuku (« le suicide rituel »), c'est-à-dire s'ouvrir le ventre avec leur wakizashi. Pour abréger leur souffrance, ils peuvent ensuite être décapités par un ami.

XIIe - XIXe siècle

L'histoire des 47 ronins

Tu l'as vu, les samouraïs sont fidèles à leur maître et sont prêts à mourir pour lui. Cette loyauté va donner lieu à l'une des histoires les plus célèbres du Japon... Un jour, un daimyo nommé Asano Naganori ne supporte plus les insultes répétées de Yoshinaka Kira, le maître des cérémonies du shogunat, et le blesse au visage en essayant de le tuer. Il est condamné au seppuku. Ses 47 samouraïs deviennent alors des ronins, des guerriers sans chef. Durant deux ans, ils préparent leur vengeance et finissent par tuer Kira. Condamnés à leur tour, ils se suicident tous ensemble le 4 février 1703, entrant ainsi dans la légende.

1701 - 1703

Fiers d'être Japonais

Dès l'enfance, les samouraïs apprennent à honorer les dieux et l'esprit de leurs ancêtres. Pour eux, les traditions japonaises sont fondamentales, il faut les protéger à tout prix. Cela les conduit parfois à s'isoler du reste du monde... C'est ce qui se passe pendant la période du shogunat du clan Tokugawa (1603-1867) : les différents shoguns vont lutter contre les Européens, qui colonisent l'Asie et pratiquent des conversions au catholicisme au détriment des religions traditionnelles. Alors, en 1825, le shogun ordonne de couler tous les navires étrangers qui tenteraient d'accoster sur les côtes japonaises.

Une classe parasite

En 1603, le daimyo Tokugawa Ieyasu devient shogun et inaugure l'époque d'Edo, caractérisée par la fin des guerres entre seigneurs. La société est alors encore plus hiérarchisée qu'auparavant et les samouraïs, qui n'ont plus de combats à mener, sont cantonnés à un rôle de maintien de l'ordre. Méprisés par les nobles, ils changent de statut social. C'est une situation difficile pour eux, car après avoir été considérés comme de véritables héros, ils se sentent inutiles. Les samouraïs, qui ont dominé l'histoire du Japon, vont bientôt disparaître...

XVIIe - XIXe siècle

La disparition des samouraïs

En 1868, le nouvel empereur Meiji veut mettre fin à la longue période d'isolation de son pays et le faire entrer dans l'ère industrielle, comme en Occident. Si certains samouraïs sont favorables à cette ouverture, la majorité ne l'est pas. C'est ainsi que commence la guerre de Boshin qui oppose les troupes impériales aux fidèles du shogunat. Menés par Saigo Takamori, considéré comme le dernier samouraï, ils perdent l'ultime bataille, qui a lieu le 24 septembre 1877 sur le mont Shiroyama. Les samouraïs n'existent plus en tant que tels, mais leur art est toujours enseigné dans les écoles japonaises. Il existe même des fêtes qui les honorent.

XIXe siècle

1175

1180
Début de la guerre de Genpei entre les Minamoto et les Taira.

1185
Fin de la guerre de Genpei.

1192
Yoritomo no Minamoto devient le premier shogun.

1199
Décès de Yoritomo no Minamoto. Le clan Hojo prend les rênes du shogunat.

1338
Le clan Ashikaga s'empare du pouvoir.

1543
Premie
contact c
les Europ
avec l'arr
d'un nav
portugc

1573
u shogunat
Ashikaga.

1603
Début du shogunat des Tokugawa.

1639
Expulsion des étrangers et fermeture du pays.

1701
Asano Naganori blesse Kira, le maître des cérémonies.

1703
Les 47 ronins tuent Kira et sont condamnés au seppuku.

1862
Première ambassade japonaise en Europe.

1867
Tokugawa Yoshinobu, le dernier shogun, abandonne ses fonctions.

1868
Fin du shogunat et début de l'ère Meiji.

1877
Bataille entre les troupes de l'empereur et les fidèles du shogunat, le 24 septembre.

1880

Des lieux clés des samouraïs
1
2
3
4
5
6

Légende de LA CARTE

1 Kamakura

En 1192, quand Yoritomo no Minamoto devient shogun, cette cité du sud de Tokyo devient la capitale du Japon. De nombreux squelettes de samouraïs datant de 1333 y ont été découverts et étudiés par des scientifiques.

2 Edo

Lorsque Tokugawa Ieyasu devient shogun en 1603, il transfère le gouvernement militaire à Edo. Il oblige les daimyos à y passer la moitié de leur temps. C'est ainsi que la ville se développe jusqu'à devenir l'actuelle Tokyo.

3 Cimetière de Sengaku-ji

Ce temple, qui se situe dans l'actuelle Tokyo, a été bâti par le shogun Tokugawa Ieyasu en 1612. Les 47 ronins qui ont fait seppuku en 1703 y reposent aux côtés de leur maître Asano Naganori. C'est un lieu très visité !

4 Palais impérial

Le palais se trouve à Tokyo, à l'emplacement de l'ancien château d'Edo, résidence des shoguns du clan Tokugawa, détruit par un incendie en 1873. Sur ses vestiges, le nouveau palais a été bâti et l'empereur y vit toujours.

5 Mont Shiroyama

Situé tout au sud du Japon, ce mont, culminant à 107 m, est le lieu de l'ultime bataille entre les troupes impériales et les samouraïs rebelles menés par Saigo Takamori. Leur terrible défaite sonne la fin des samouraïs.

6 Gichu-ji

Ce temple situé à Otsu, non loin de Kyoto, pourrait passer inaperçu s'il n'abritait pas les tombes de nombreux samouraïs qui ont contribué à forger l'histoire du Japon. On y trouve aussi une plaque célébrant Tomoe Gozen.

Les portraits

Yoritomo no Minamoto

(1147-1199)

Après la victoire de son clan contre les Taira en 1185, l'empereur le nomme shogun. C'est lui qui inaugure le shogunat, cette nouvelle forme de pouvoir qui durera près de 700 ans. Détenteur du pouvoir civil et militaire, il devient le maître du Japon.

Tomoe Gozen

(Vers 1161-?)

Elle est l'une des rares femmes samouraïs. Son compagnon, constatant son habileté à manier les armes, l'engage comme capitaine de son armée. Personne ne sait si elle est morte au combat ou en tant que religieuse bouddhiste.

Asano Naganori

(1667-1701)

La série d'incidents qu'il provoque en tant que daimyo est devenue un sujet de prédilection pour le kabuki, le théâtre japonais. Il est surtout connu pour être l'ancien maître des 47 ronins qui ont vengé sa mort deux ans après son seppuku.

Saigo Takamori

(1828-1877)

Partisan de l'ouverture à l'Occident, il devient un adversaire de l'empereur Meiji lorsque celui-ci prend des mesures antiféodales. Il mène la guerre du Boshin et perd la bataille en 1877. Il est considéré comme le dernier samouraï.

Le katana

Ce sabre long, d'environ 60 cm, est porté à la ceinture, dans un fourreau. Sa lame courbe n'a qu'un seul côté tranchant. Il est l'un des symboles du pouvoir du samouraï et représente ce qu'il a de plus cher. Sa fabrication est accompagnée de cérémonies religieuses.

Le wakizashi

C'est un sabre à lame courte, d'environ 30 cm. Rangé dans un fourreau, il peut être porté à la ceinture, à côté du katana. Utilisable d'une seule main, il est plus facile à manier dans les combats au corps à corps. C'est celui dont se sert le samouraï pour faire seppuku.

Le menpo

Pouvant couvrir la totalité ou une partie du visage, ce masque sert à protéger le samouraï, mais aussi à effrayer l'ennemi. Fixé au casque par des sangles, il peut être accompagné de moustache, de nez ou de dents amovibles, ainsi que d'un gorgerin, pour couvrir la gorge.

Le kabuto

C'est le casque traditionnel des samouraïs, pièce maîtresse de l'armure. Fait de plaques en métal forgé, il protège la tête du guerrier. Savamment orné, il est aussi une vraie parure qui sert à impressionner les combattants adverses sur le champ de bataille.

Le Jeu des
7 ERREURS

Trouve les 7 différences entre l'image de gauche et l'image de droite.

Solution : les oiseaux, le feuillage, le chignon, le motif de la tunique, la flamme, la flèche, les fleurs.

Le Jeu du

LABYRINTHE

Aide le samouraï à trouver le chemin de son sabre.

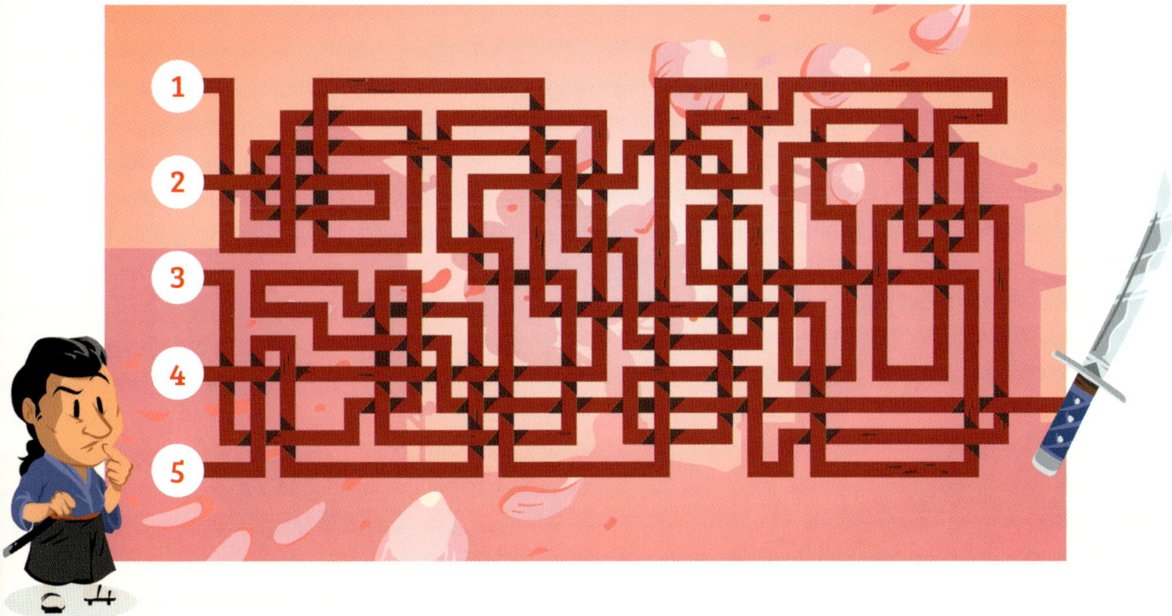

Solution : le bon chemin est le numéro 5.

Le Jeu des
OMBRES

Retrouve la bonne ombre d'Asano Naganori.

Bonne réponse : l'ombre e.

Le Jeu du

QUIZ

1. Que signifie le mot « samouraï » ?

a. Ceux qui combattent
b. Ceux qui luttent
c. Ceux qui défendent
d. Ceux qui servent

2. Comment appelle-t-on les guerriers sans chef ?

a. Les ronins
b. Les ninjas
c. Les yakusas
d. Les sumos

3. Quels sont les deux sabres qui composent le daisho ?

a. Le kodachi et le tanto
b. Le wakizashi et le katana
c. Le yari et le ninjato
d. Le dotanuki et le shuto

Bonnes réponses : 1.d / 2.a / 3.b